Impressum
Verlag: BABADADA GmbH, Nedderfeld 112 , 22529 Hamburg
Geschäftsführer / Verlagsleitung: Harald Hof
Druck: Books on Demand GmbH, In de Tarpen 42, 22848 Norderstedt

Imprint
Publisher: BABADADA GmbH, Nedderfeld 112 , 22529 Hamburg, Germany
Managing Director / Publishing direction: Harald Hof
Print: Books on Demand GmbH, In de Tarpen 42, 22848 Norderstedt, Germany

de School

escuela

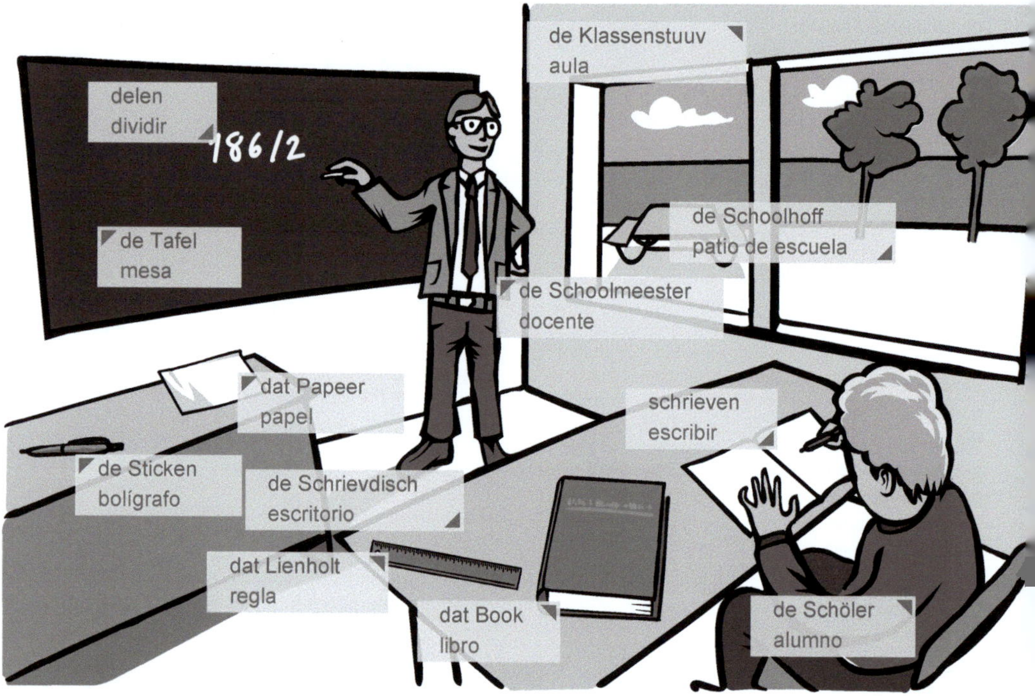

de Klassenstuuv
aula
delen
dividir
186/2
de Tafel
mesa
de Schoolhoff
patio de escuela
de Schoolmeester
docente
dat Papeer
papel
schrieven
escribir
de Sticken
bolígrafo
de Schrievdisch
escritorio
dat Lienholt
regla
dat Book
libro
de Schöler
alumno

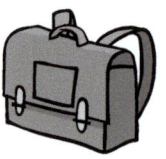

de Ranzel

mochila escolar

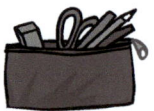

de Feddermapp

caja de lápices

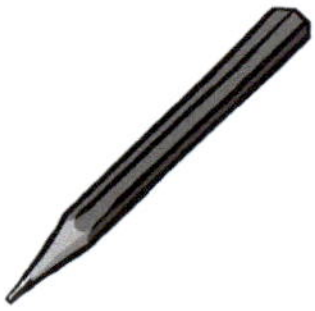

de Bleesticken

lápiz

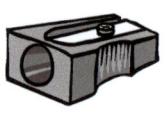

de Scharpmaker

sacapuntas

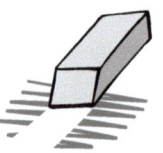

dat Radeergummi

goma de borrar

de Tekenblock

bloc de dibujo

de Teken
dibujo

de Pinsel
pincel

de Malkassen
caja de pinturas

de Scheer
tijera

de Klever
pegamento

dat Heft to'n Öven
libro de ejercicios

de Huusopgaav
tarea

12

de Tall
número

2+2

tohooptellen
sumar

5-2

aftrecken
restar

2×2

malnehmen
multiplicar

reken
calcular

A

de Bookstaav
letra

ABCDEFG HIJKLMN OPQRSTU VWXYZ

dat ABC
alfabeto

dat Woort
palabra

de Text

texto

lesen

leer

de Kried

tiza

de Stunn

lección

dat Klassenbook

libro de clase

de Pröven

examen

dat Tüügnis

certificado

de Schooluniform

uniforme escolar

de Utbillen

educación

dat Nakieksel

enciclopedia

de Universität

universidad

dat Mikroskop

microscopio

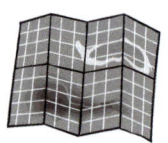

de Koort

mapa

de Papeerkorf

cesto de papeles

dat Hotel
hotel

Grand

de Harbarg
albergue

ROOMS

EXCHANGE

de Wesselstuuv
casa de cambio

de Kuffer
maleta

dat Auto
auto

de Spraak

idioma

jo / ne

sí / no

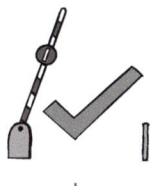

Jo

ok

Moin

hola

de Översetter

intérprete

Dank ok

gracias

Wat kost...?

¿Cuánto cuesta...?

Ik verstah nich

No entiendo

dat Problem

problema

Goden Avend

¡Buenas tardes!

Moin!

¡Buenos días!

Gode Nacht!

¡Buenas noches!

Tschüüs

adiós

de Richt

dirección

de Bagaasch

equipaje

de Tasch

bolso

de Rüchsack

mochila

de Gast

invitado

de Stuuv

cuarto

de Slaapsack

saco de dormir

dat Telt

tienda de campaña

Touristeninformatschoon

información al turista

de Strand

playa

de Kreditkoort

tarjeta de crédito

dat Fröhstück

desayuno

dat Meddageten

almuerzo

dat Avendeten

cena

de Fohrkort

pasaje

de Fohrstohl

ascensor

de Breefmark

sello

de Grenz

límite

de Toll

aduana

de Bottschop

embajada

dat Visum

visa

de Pass

pasaporte

de Transport
transporte

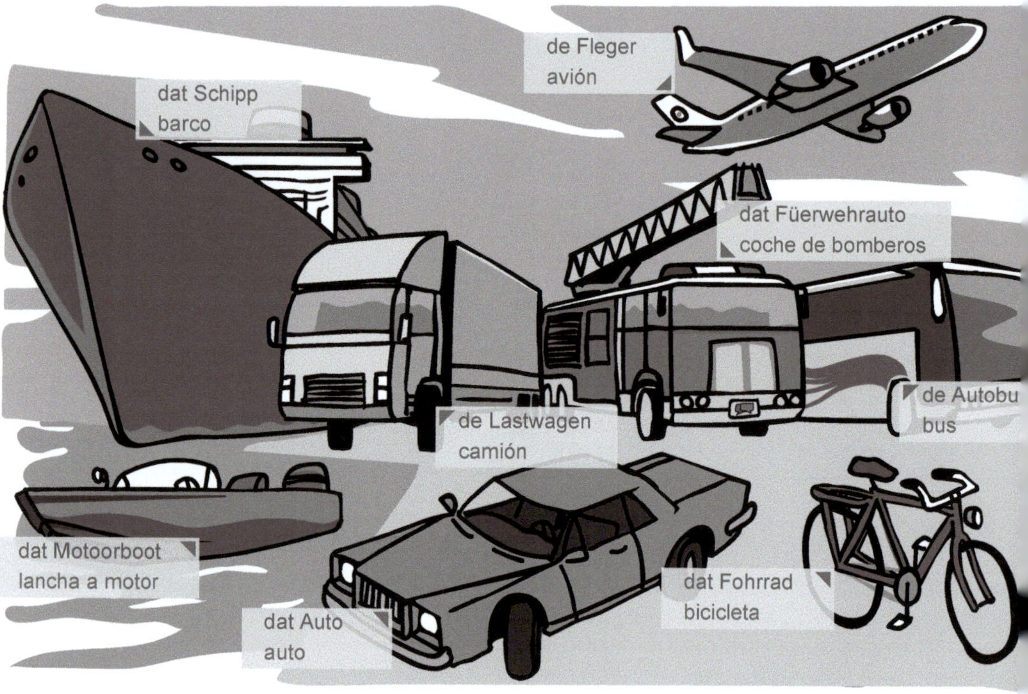

de Fleger
avión
dat Schipp
barco
dat Füerwehrauto
coche de bomberos
de Autobu
bus
de Lastwagen
camión
dat Motoorboot
lancha a motor
dat Fohrrad
bicicleta
dat Auto
auto

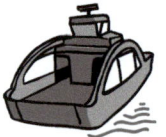

de Fähr

balsa

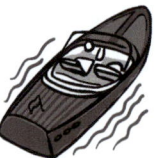

dat Boot

lancha

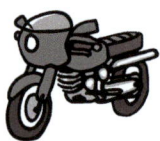

dat Motoorrad

motocicleta

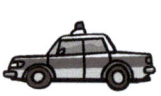

dat Polizeiauto

auto de policía

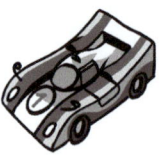

dat Rönnauto

auto de carreras

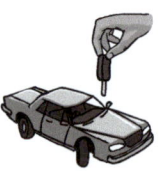

de Lehnwagen

auto de alquiler

dat Carsharing

alquiler de autos

de Afsleepwagen

grúa

dat Müllauto

vehículo recolector de basura

de Motoor

motor

de Kraftstoff

gasolina

de Tanksteed

gasolinera

dat Verkehrsschild

señal de tráfico

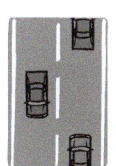

de Verkehr

tránsito

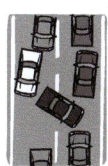

de Stau

atasco

de Afstellplatz

estacionamiento

de Bahnhoff

estación de tren

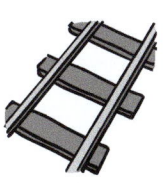

de Sporen

carril

de Tog

tren

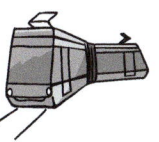

de Stratenbahn

tranvía

de Wagon

vagón

de Dwarsmöhl

helicóptero

de Flooghaven

aeropuerto

de Tower

torre

de Fohrgast

pasajero

de Grootkist

contenedor

de Karton

caja de cartón

de Koor

carro

de Korf

cesta

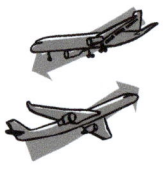

starten / lannen

despegar / aterrizar

de Stadt
ciudad

dat Dörp

aldea

de Binnenstadt

centro de la ciudad

dat Huus

casa

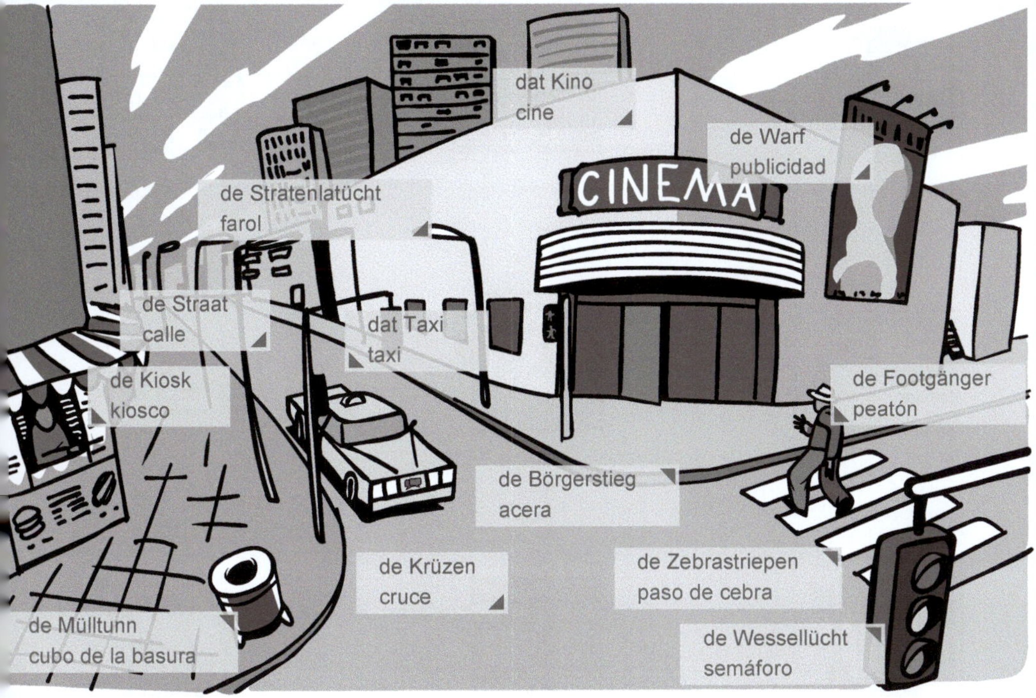

dat Kino
cine

de Warf
publicidad

de Stratenlatücht
farol

CINEMA

de Straat
calle

dat Taxi
taxi

de Kiosk
kiosco

de Footgänger
peatón

de Börgerstieg
acera

de Krüzen
cruce

de Zebrastriepen
paso de cebra

de Mülltunn
cubo de la basura

de Wessellücht
semáforo

de Hütt
cabaña

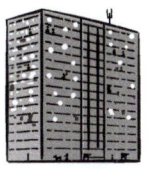

de Wahnung
apartamento

de Bahnhoff
estación de tren

dat Raathuus
ayuntamiento

dat Museum
museo

de School
escuela

de Universität

universidad

de Bank

banco

dat Krankenhuus

hospital

dat Hotel

hotel

de Afteek

farmacia

dat Büro

oficina

de Bookhökerie

librería

de Hökerie

negocio

de Blomenhökerie

florería

de Supermarkt

supermercado

de Markt

mercado

dat Koophuus

grandes almacenes

de Fischhökerie

pescadería

dat Inkoopszentrum

centro comercial

de Haven

puerto

de Parkanlaag
parque

de Bank
banco

de Brüch
puente

de Trepp
escalera

de Ünnergrundbahn
metro

de Tunnel
túnel

de Busstoppsteed
parada de autobuses

de Bar
bar

dat Spieslokal
restaurante

de Breefkassen
buzón de correo

dat Stratenschild
letrero

de Parkklock
parquímetro

de Deertenpark
zoológico

de Baadanstalt
piscina

de Moschee
mezquita

de Stadt - ciudad

de Buernhoff

granja

de Ümweltversmudden

polución

de Karkhoff

cementerio

de Kark

iglesia

de Speelplatz

parque infantil

de Tempel

templo

de Landschop

paisaje

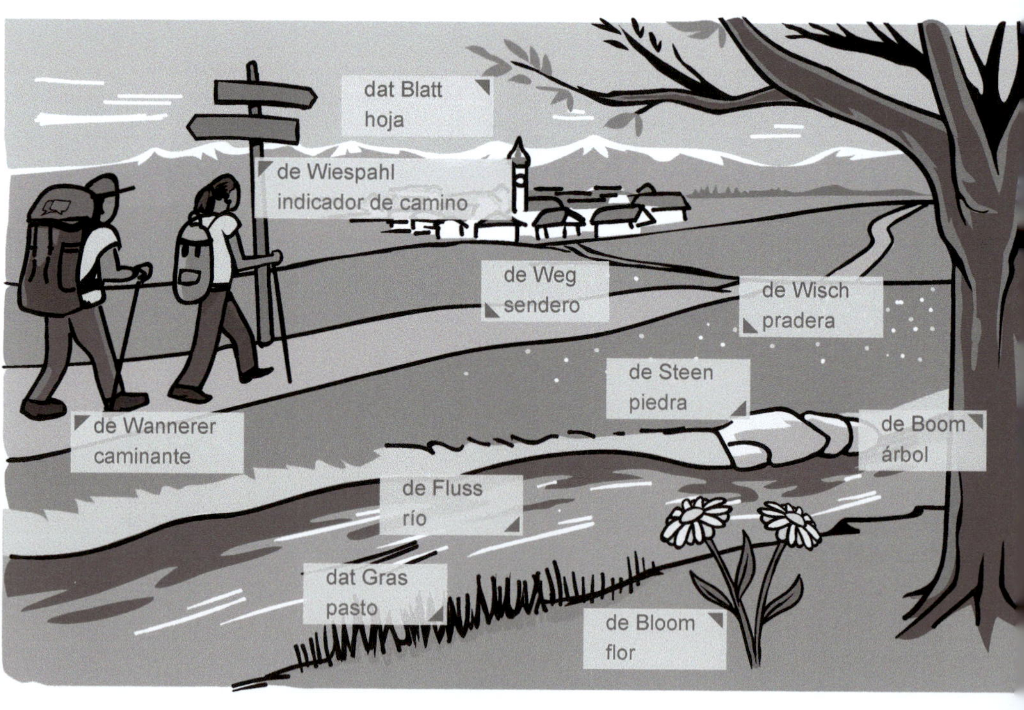

dat Blatt
hoja

de Wiespahl
indicador de camino

de Weg
sendero

de Wisch
pradera

de Steen
piedra

de Wannerer
caminante

de Boom
árbol

de Fluss
río

dat Gras
pasto

de Bloom
flor

dat Daal

valle

de Barg

montaña

de See

lago

dat Holt

bosque

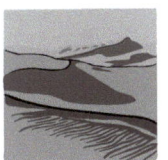

de Wööst

desierto

de Füerspien Barg

volcán

dat Slott

castillo

de Regenbagen

arco iris

de Poggenstohl

seta

de Palm

palmera

de Steekmück

mosquito

de Fleeg

mosca

de Miegeemk

hormiga

de Imm

abeja

de Spinn

araña

de Sebber

escarabajo

de Pogg

rana

de Katteker

ardilla

de Swienegel

erizo

de Haas

liebre

de Uul

lechuza

de Vagel

pájaro

de Swaan

cisne

dat Wildswien

jabalí

de Hirsch

ciervo

de Elk

alce

de Staudamm

embalse

dat Windrad

aerogenerador

dat Solarmodul

módulo solar

dat Klima

clima

dat Spieslokal
restaurante

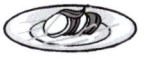

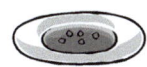

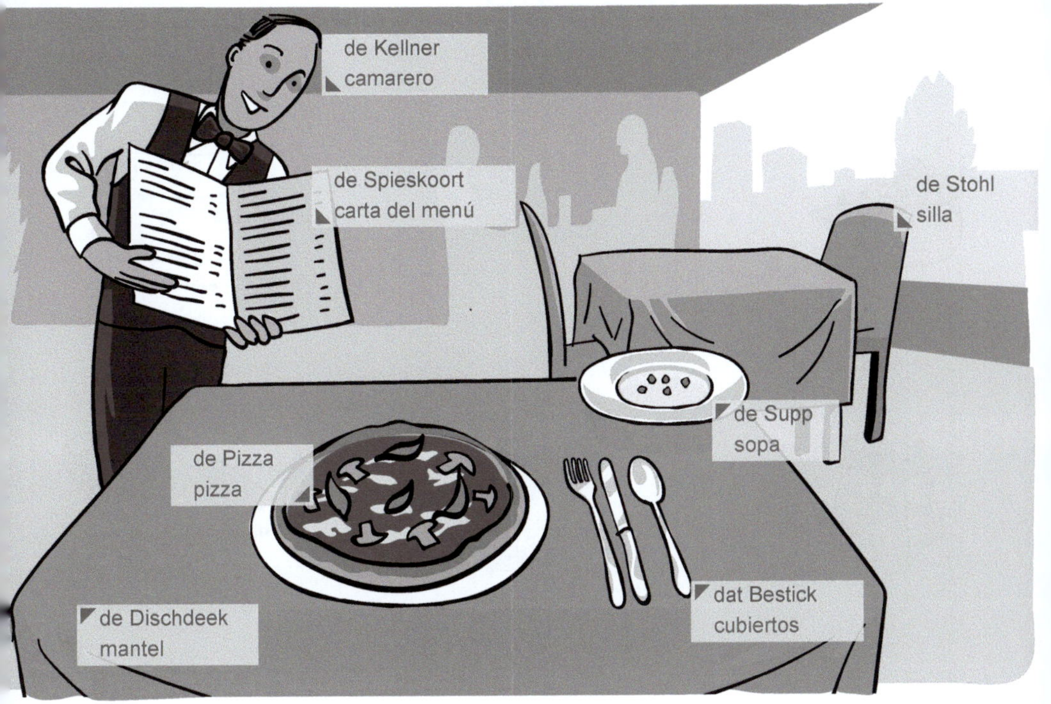

de Kellner
camarero
de Spieskoort
carta del menú
de Stohl
silla
de Supp
sopa
de Pizza
pizza
dat Bestick
cubiertos
de Dischdeek
mantel

de Vörspies

entrada

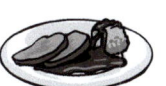

dat Haupteten

plato principal

de Nadisch

postre

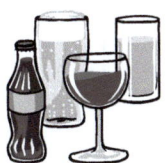

de Drünk

bebida

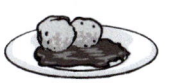

dat Eten

comida

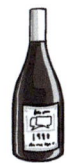

de Buddel

botella

dat Fastfood

comida rápida

dat Strateneten

comida callejera

de Teekann

tetera

de Zuckerdoos

azucarera

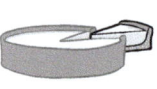

de Portschoon

porción

de Espressomaschien

máquina de espresso

de Hoochstohl

silla alta

de Reken

factura

dat Tablett

bandeja

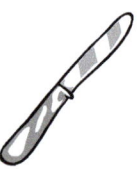

dat Mess

cuchillo

de Gavel

tenedor

de Lepel

cuchara

de Teelepel

cuchara de té

dat Munddook

servilleta

dat Glas

vaso

de Töller

plato

de Suppentöller

plato de sopa

de Ünnertass

platillo

de Sooß

salsa

de Soltstreuer

salero

de Pepermöhl

molinillo para pimienta

de Etig

vinagre

dat Ööl

aceite

de Krüder

especias

de Ketchup

ketchup

de Mostrich

mostaza

de Mayonnaise

mayonesa

de Supermarkt
supermercado

dat Anbott
oferta
FOR
de Kunn
cliente
de Melkprodukten
productos lácteos
dat Aaft
fruta
de Inkoopswagen
carrito de compras

BUTCHERS

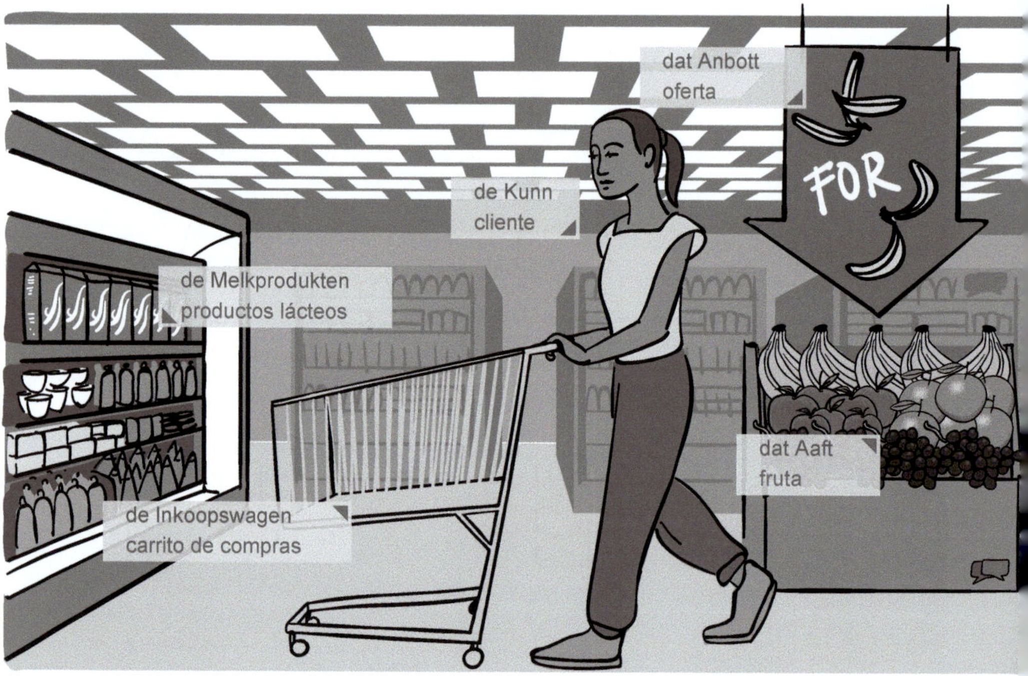

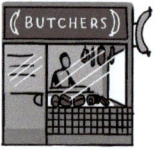

de Slachterie

carnicería

BAKERY

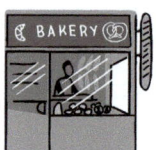

de Bäckerie

panadería

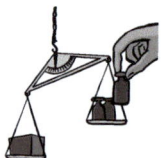

wegen

pesar

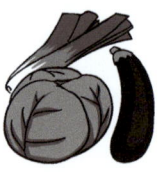

de Gröönsaken

verdura

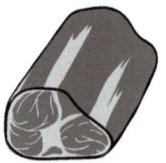

dat Fleesch

carne

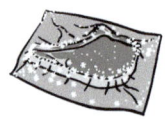

de Deepköhlkost

alimentos congelados

de Opsnitt

fiambre

de Konserven

conservas

de Waschmiddel

detergente en polvo

de Snoopkraam

dulces

de Huushooltssaken

artículos domésticos

de Reinmaaktüüch

productos de limpieza

de Verköpersche

vendedora

de Kass

caja

de Kasserer

cajero

de Inkoopslist

lista de compras

de Opsparrtieden

horario de atención

de Breeftasch

cartera

de Kreditkoort

tarjeta de crédito

de Tasch

maleta

de Plastiktüüt

bolsa plástica

de Drünk
bebida

dat Water

agua

de Saft

jugo

de Melk

leche

de Cola

refresco de cola

de Wien

vino

dat Beer

cerveza

de Spriet

alcohol

de Kakao

cacao

de Tee

té

de Koffie

café

de Espresso

espresso

de Cappucino

cappuccino

de Banaan

banana

de Appel

manzana

de Appelsien

naranja

de Meloon

sandía

de Zitroon

limón

de Wöttel

zanahoria

de Knuuvlook

ajo

de Bambus

bambú

de Zibbel

cebolla

de Poggenstohl

seta

de Nööt

nueces

de Nudeln

fideos

de Spaghetti

espagueti

de Ries

arroz

de Salat

ensalada

de Pommes frites

patatas fritas

de Braadkantüffeln

patatas salteadas

de Pizza

pizza

de Hamborger

hamburguesa

dat Sandwich

sándwich

dat Snitzel

escalope

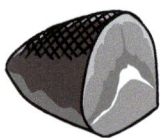

de Schinken

jamón

de Salami

salame

de Wust

embutido

dat Hohn

pollo

de Braden

asado

de Fisch

pescado

de Haverflocken
....
copos de avena

dat Müsli
....
musli

de Cornflakes
....
copos de maíz tostado

dat Mehl
....
harina

de Croissant
....
croissant

dat Rundstück
....
panecillo

dat Broot
....
pan

dat Toast
....
tostada

de Keksen
....
galletas

de Botter
....
mantequilla

de Quark
....
cuajada

de Koken
....
pastel

dat Ei
....
huevo

dat Spegelei
....
huevo frito

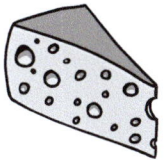

de Kees
....
queso

de Ies
helado

de Zucker
azúcar

de Honnig
miel

de Marmelaad
mermelada

de Nougat-Creme
praliné

dat Curry
curry

de Buernhoff

granja

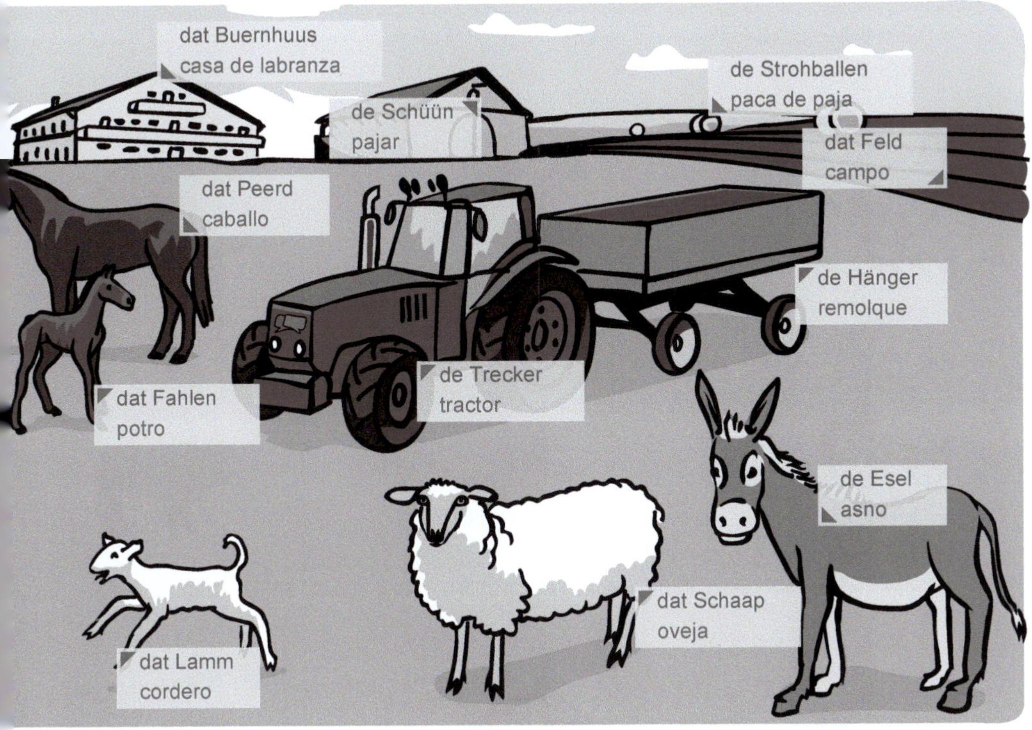
dat Buernhuus
casa de labranza
de Schüün
pajar
de Strohballen
paca de paja
dat Feld
campo
dat Peerd
caballo
de Hänger
remolque
de Trecker
tractor
dat Fahlen
potro
de Esel
asno
dat Schaap
oveja
dat Lamm
cordero

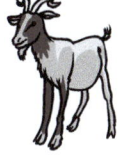

de Zeeg

cabra

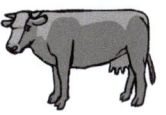

de Koh

vaca

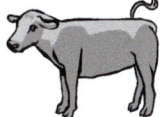

dat Kalf

ternero

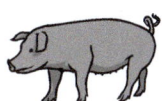

dat Swien

cerdo

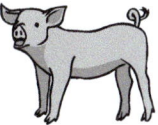

dat Farken

lechón

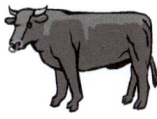

de Bull

toro

de Goos

ganso

de Aant

pato

dat Küken

polluelo

dat Hohn

pollo

de Hahn

gallo

de Rott

rata

de Katt

gato

de Muus

ratón

de Oss

buey

de Hund

perro

de Hunnenhütt

caseta del perro

de Goornslauch

manguera de riego

de Geetkann

regadera

de Lee

guadaña

de Ploog

arado

de Sich

hoz

de Hack

azada

de Mestfork

bieldo

de Ext

hacha

de Schuufkoor

carretilla

de Trog

abrevadero

de Melkkann

lechera

de Sack

saco

de Tuun

cerca

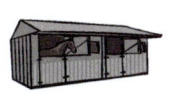

de Stall

establo

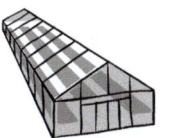

dat Drievhuus

invernadero

de Bodden

suelo

de Saat

semilla

de Dünger

fertilizante

de Meihdöscher

cosechadora

oornen

cosechar

de Oorn

cosecha

de Yamswöttel

raíz de ñame

de Weten

trigo

dat Soja

soja

de Kantüffel

patata

de Törksche Weten

maíz

de Rapp

colza

de Aaftboom

Árbol frutal

de Troopsch Kantüffel

mandioca

dat Koorn

cereales

dat Huus

casa

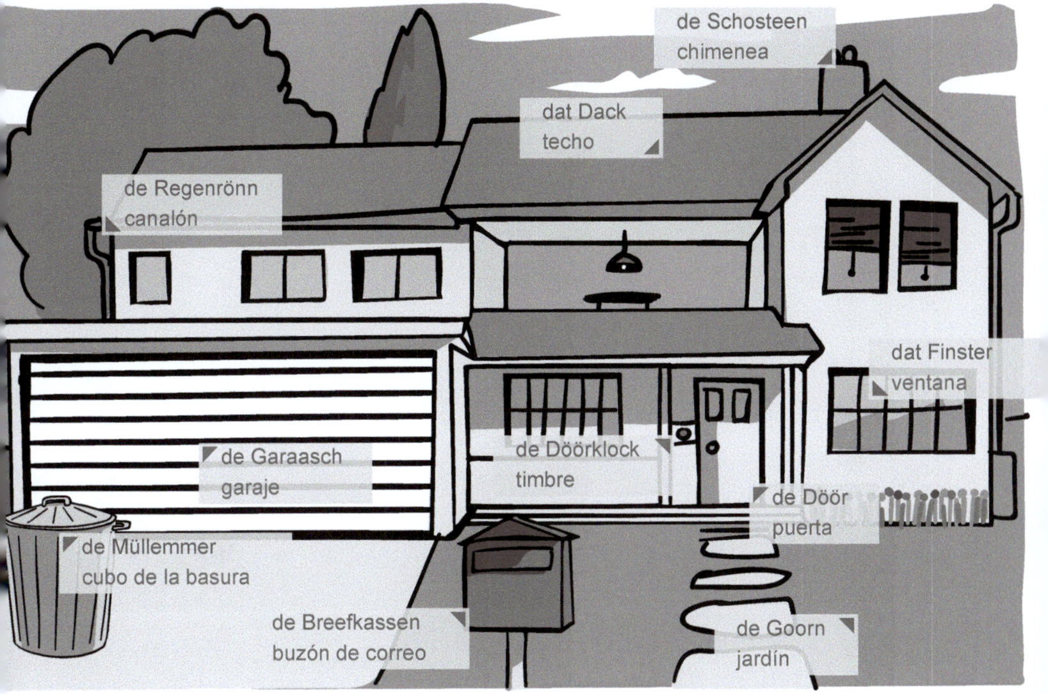

de Schosteen
chimenea
dat Dack
techo
de Regenrönn
canalón
dat Finster
ventana
de Garaasch
garaje
de Döörklock
timbre
de Döör
puerta
de Müllemmer
cubo de la basura
de Breefkassen
buzón de correo
de Goorn
jardín

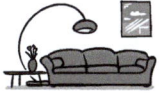

de Wahnstuuv

cuarto de estar

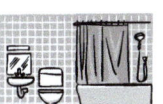

de Baadstuuv

cuarto de baño

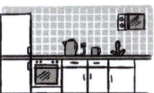

de Köök

cocina

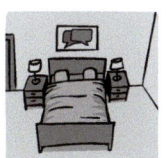

de Slaapstuuv

dormitorio

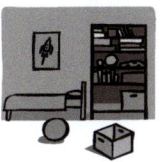

de Kinnerstuuv

cuarto de los niños

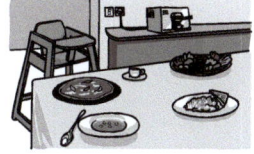

de Eetstuuv

comedor

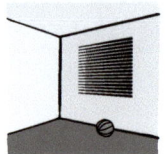

de Footbodden

piso

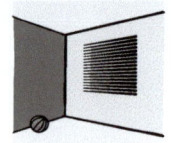

de Wand

pared

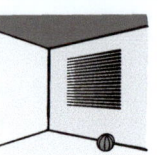

de Deek

cielorraso

de Keller

sótano

dat Hittluftbad

sauna

de Balkon

balcón

de Terrass

terraza

dat Swümmbad

piscina

de Rasenmeiher

cortacésped

de Bettbetog

funda nórdica

de Bettdeek

edredón

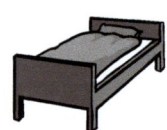

de Puuch

cama

de Bessen

escoba

de Emmer

cubo

de Schalter

interruptor

de Wahnstuuv
cuarto de estar

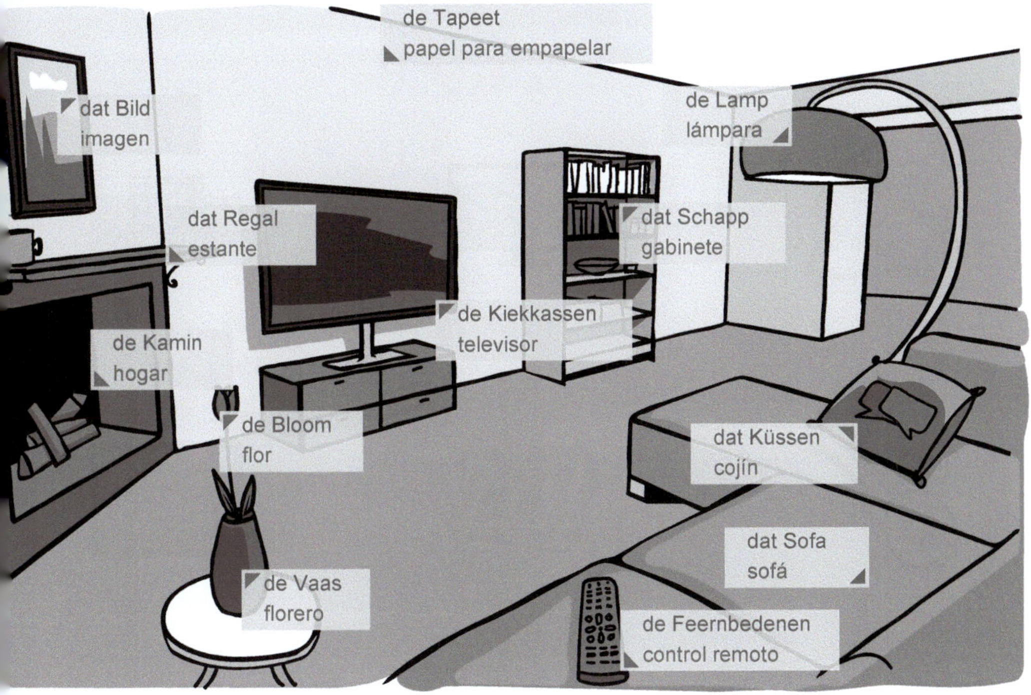

de Tapeet
papel para empapelar
dat Bild
imagen
de Lamp
lámpara
dat Regal
estante
dat Schapp
gabinete
de Kiekkassen
televisor
de Kamin
hogar
de Bloom
flor
dat Küssen
cojín
dat Sofa
sofá
de Vaas
florero
de Feernbedenen
control remoto

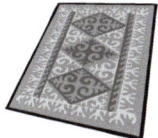

de Teppich

alfombra

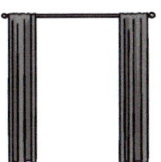

de Vörhang

cortina

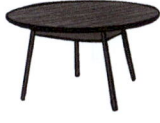

de Disch

mesa

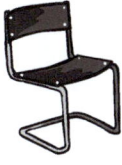

de Stohl

silla

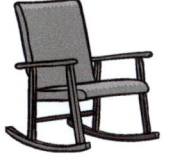

de Schuckelstohl

mecedora

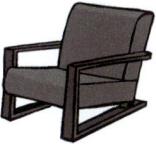

de Sessel

sillón

dat Book

libro

de Deek

frazada

de Dekoratschoon

decoración

dat Füerholt

leña

de Film

film

de Stereoanlaag

equipo estereofónico

de Slötel

llave

dat Narichtenblatt

periódico

dat Gemälde

cuadro

dat Poster

póster

dat Radio

radio

de Opschrievblock

bloc de notas

de Huulbessen

aspiradora

de Kaktus

cactus

de Kars

vela

de Köök
cocina

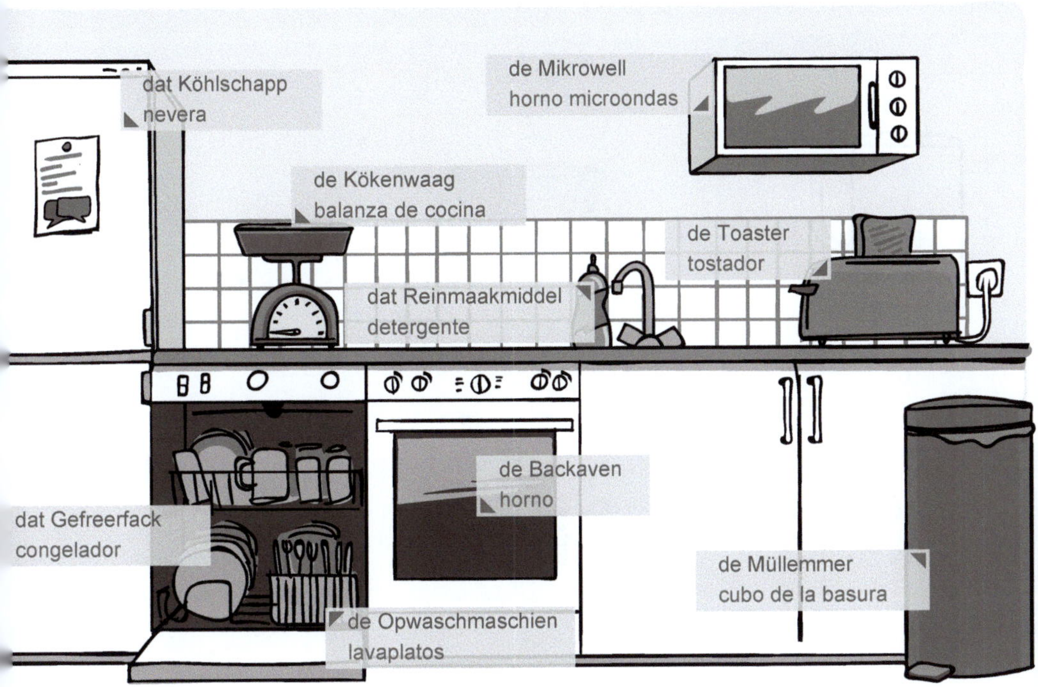
dat Köhlschapp
nevera
de Mikrowell
horno microondas
de Kökenwaag
balanza de cocina
de Toaster
tostador
dat Reinmaakmiddel
detergente
de Backaven
horno
dat Gefreerfack
congelador
de Müllemmer
cubo de la basura
de Opwaschmaschien
lavaplatos

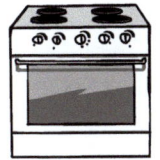

de Heerd

cocina

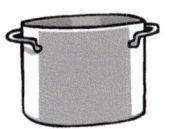

de Pott

olla

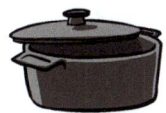

de Gussiesern Putt

olla de fundición de hierro

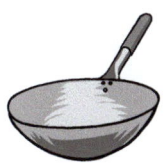

de Wok / Kadai

wok / kadai

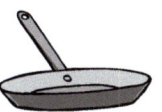

de Pann

sartén

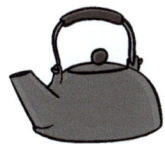

de Waterkaker

hervidor de agua

de Dampkaakputt

olla de vapor

dat Backblick

bandeja de horno

dat Geschirr

vajilla

de Beker

vaso

de Schaal

bol

de Eetsticken

palillos para comer

de Suppenkell

cucharón de sopa

de Pannenwenner

espátula

de Sneebessen

batidor

dat Kaakseef

colador

dat Seef

cedazo

de Riev

rallador

de Mörser

mortero

de Grill

parrillada

de Füerstell

fogata

dat Sniedbrett

tabla de picar

dat Nudelholt

rodillo

de Proppentrecker

sacacorchos

de Doos

lata

de Dosenaapner

abrelatas

de Pottlappen

agarrador

dat Waschbecken

fregadero

de Böst

cepillo

de Swamm

esponja

de Mixer

batidora

dat Iesschapp

arcón congelador

de Nuckelbuddel

biberón

de Waterhahn

grifo

de Baadstuuv

cuarto de baño

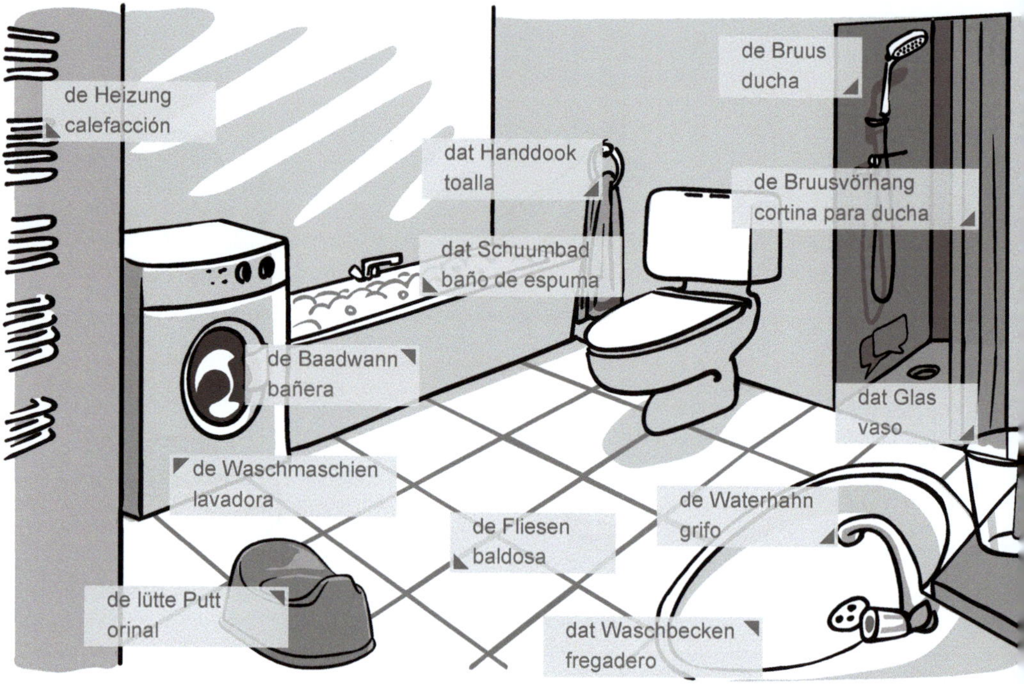
de Heizung
calefacción
dat Handdook
toalla
de Bruus
ducha
de Bruusvörhang
cortina para ducha
dat Schuumbad
baño de espuma
de Baadwann
bañera
dat Glas
vaso
de Waschmaschien
lavadora
de Waterhahn
grifo
de Fliesen
baldosa
de lütte Putt
orinal
dat Waschbecken
fregadero

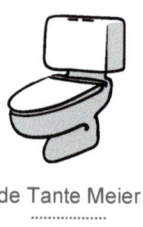

de Tante Meier

cuarto de baño

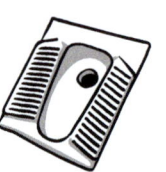

de Hockklo

placa turca

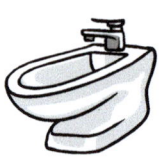

dat Bidet

bidé

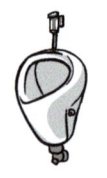

dat Miegbecken

urinario

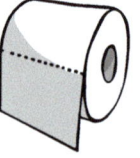

dat Klopapeer

papel higiénico

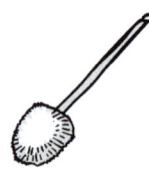

de Kloböst

escobilla para el cuarto de baño

de Tähnböst

cepillo de dientes

de Tähnpast

pasta dentífrica

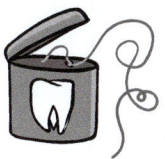

de Tähnsied

seda dental

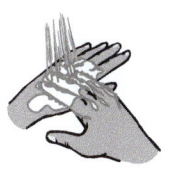

waschen

lavar

de Handbruus

ducha teléfono

de Intimbruus

ducha higiénica

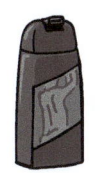

de Waschschöttel

cuenco

de Rüchböst

cepillo para la espalda

de Seep

jabón

dat Bruusgeel

gel de ducha

dat Hoorwaschmiddel

champú

de Waschlappen

manopla para baño

de Afloop

desagüe

de Creme

crema

dat Deodorant

desodorante

de Spegel

espejo

de Kosmetikspegel

espejo de maquillaje

de Raserer

máquina de afeitar

de Raseerschuum

espuma de afeitar

dat Raseerwater

loción para después del
afeitado

de Kamm

peine

de Böst

cepillo

de Hoordröger

secador para cabello

dat Hoorspray

laca de peinado

de Smink

maquillaje

de Lippensticken

lápiz labial

de Nagellack

laca para uñas

de Watt

algodón

de Nagelscheer

tijera para uñas

dat Rüükwater

perfume

de Kulturbüdel

neceser

de Schemel

taburete

de Waag

balanza

de Baadmantel

bata de baño

de Gummihanschen

guantes de goma

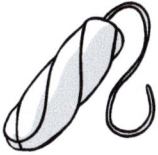

de Tampon

tampón

de Damenbinn

compresa

dat Chemieklo

wáter químico

de Kinnerstuuv

cuarto de los niños

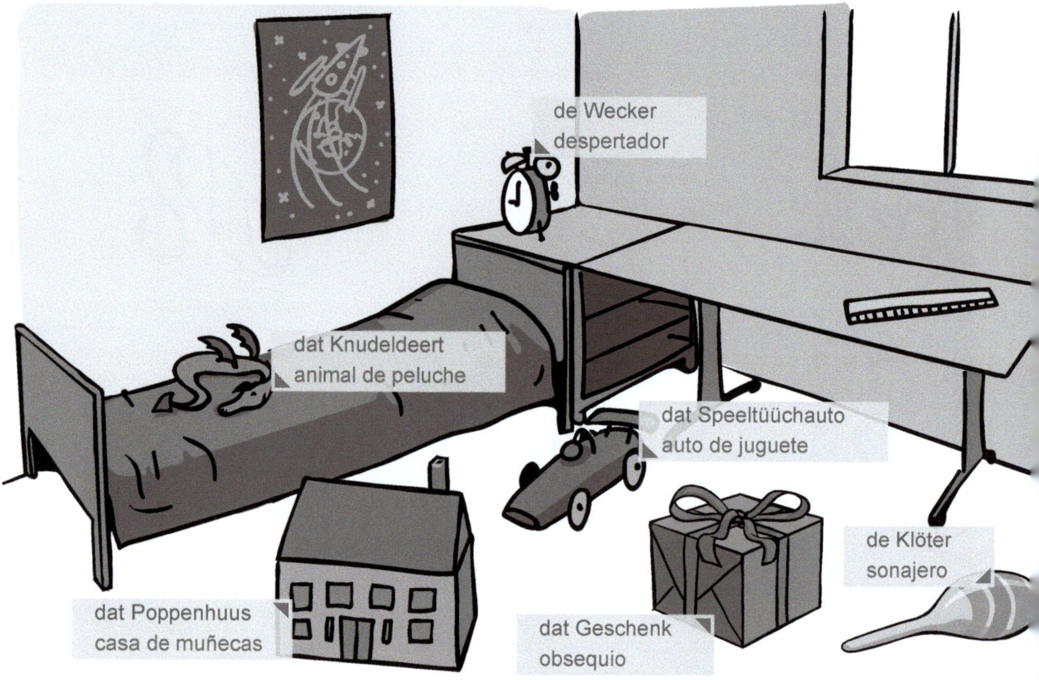
de Wecker
despertador
dat Knudeldeert
animal de peluche
dat Speeltüüchauto
auto de juguete
de Klöter
sonajero
dat Poppenhuus
casa de muñecas
dat Geschenk
obsequio

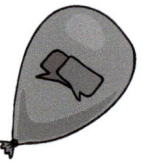

de Luftballon

globo

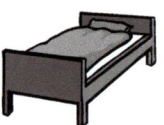

de Puuch

cama

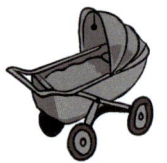

de Kinnerwagen

cochecito para niños

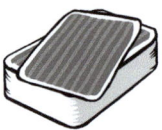

dat Koortenspeel

juego de barajas

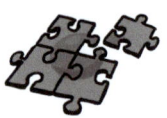

dat Puzzle

rompecabezas

SUPER
MEGA

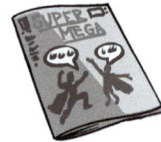

de Billergeschicht

cómic

de Legostenen

piezas de Lego

de Bustenen

bloques para jugar

de Action-Figur

figura de acción

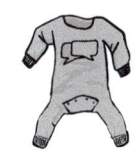

de Strampelantog

pijama de una pieza

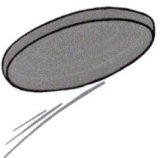

de Frisbeeschiev

frisbee

dat Mobile

móvil

dat Brettspeel

juego de mesa

de Wörpel

dado

de Modelliesenbahn

tren eléctrico a escala

de Snuller

chupete

de Party

fiesta

dat Billerbook

libro de dibujos

de Ball

pelota

de Popp

títere

spelen

jugar

de Sandkassen

arenero

de Schuckel

columpio

dat Speeltüüch

juguetes

de Speelkonsool

consola de videojuego

dat Dreerad

triciclo

de Teddyboor

osito de peluche

dat Klederschapp

guardarropa

dat Tüüch

vestimenta

de Socken

calcetines

de Strümp

medias

de Strumpbüx

panti

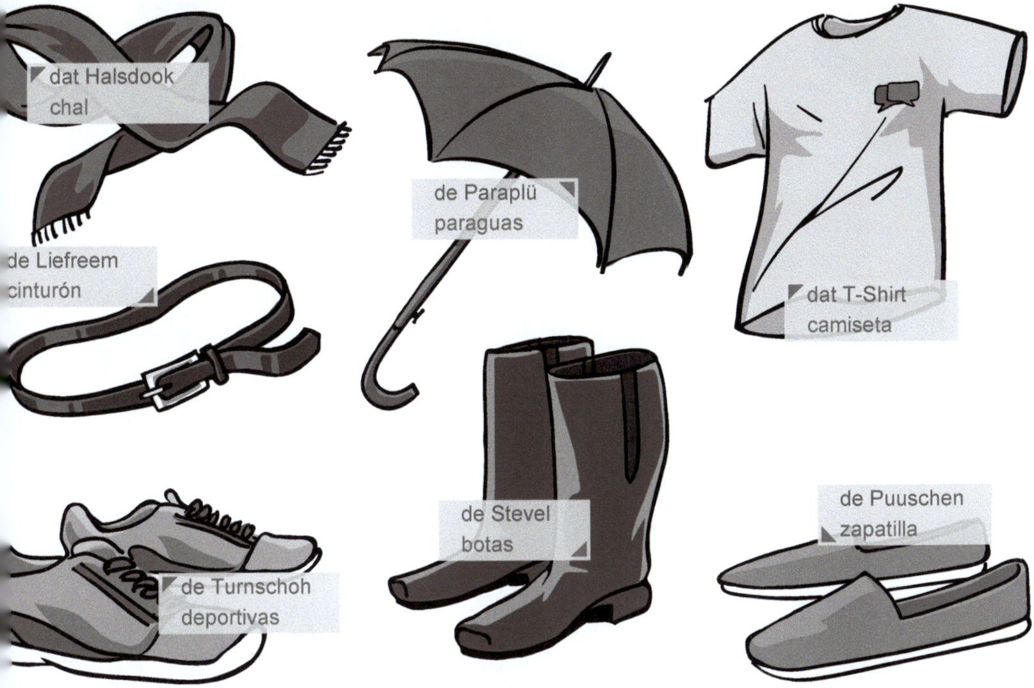

dat Halsdook
chal

de Liefreem
cinturón

de Paraplü
paraguas

dat T-Shirt
camiseta

de Turnschoh
deportivas

de Stevel
botas

de Puuschen
zapatilla

de Sandalen
....
sandalias

de Schoh
....
zapatos

de Gummistevel
....
botas de goma

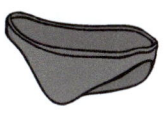

de Ünnerbüx
....
ropa interior

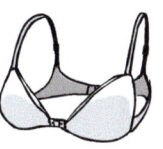

de Bostholler
....
corpiño

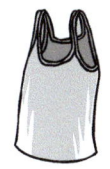

dat Ünnerhemd
....
camiseta

de Lief

body

de Büx

pantalón

de Jeansnüx

jeans

de Rock

falda

de Bluus

blusa

dat Hemd

camisa

de Pullover

pullover

de Kapuzenpullover

sweater

de Blazer

blazer

de Jack

chaqueta

de Mantel

abrigo

de Övertrecker

impermeable

dat Kostüm

traje chaqueta

dat Kleed

vestido

dat Hochtietskleed

vestido de bodas

de Antog
traje

dat Nachtkleed
camisón

de Slaapantog
pijama

de Sari
sari

dat Koppdook
pañuelo de cabeza

de Turban
turbante

de Burka
burka

de Kaftan
caftán

de Abaya
abaya

de Baadantog
traje de baño

de Baadbüx
bañador

de Korte Büx
shorts

de Antog to'n Öven
chándal

de Schört
delantal

de Handschoh
guante

de Knopp

botón

de Brill

gafa

dat Armband

brazalete

de Halskeed

cadena

de Ring

anillo

de Ohrbummel

aro

de Mütz

gorra

de Klederbögel

percha

de Hoot

sombrero

de Binner

corbata

de Rietslüter

cierre a cremallera

de Helm

casco

dat Drachtband

tiradores

de Schooluniform

uniforme escolar

de Uniform

uniforme

de Severböten
....
babero

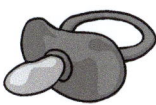

de Snuller
....
chupete

de Winnel
....
pañal

dat Büro
oficina

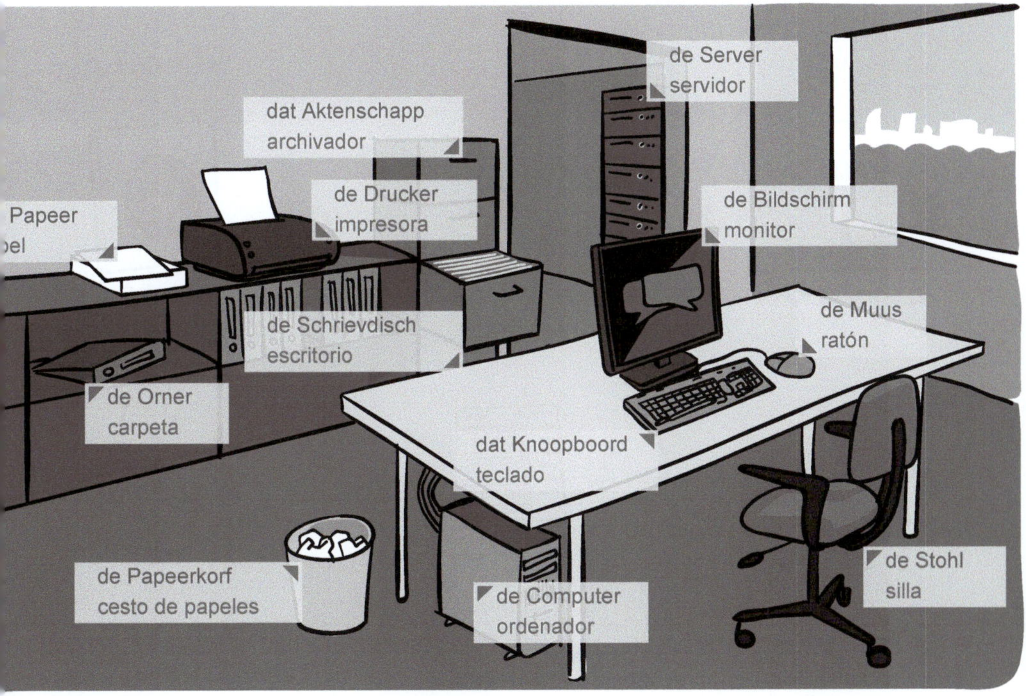

de Server
servidor

dat Aktenschapp
archivador

de Drucker
impresora

Papeer
el

de Bildschirm
monitor

de Schrievdisch
escritorio

de Muus
ratón

de Orner
carpeta

dat Knoopboord
teclado

de Papeerkorf
cesto de papeles

de Stohl
silla

de Computer
ordenador

de Koffiebeker
....
taza de café

de Taschenreekner
....
calculadora

dat Internet
....
internet

de Klappreekner

laptop

de Breef

carta

de Naricht

mensaje

de Ackersnacker

teléfono móvil

dat Nettwark

red

de Kopeerapparat

fotocopiadora

de Software

software

de Klöönkassen

teléfono

de Steekdoos

tomacorriente

de Faxapparat

máquina de fax

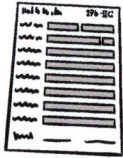

dat Formulor

formulario

dat Dokument

documento

köpen

comprar

betahlen

pagar

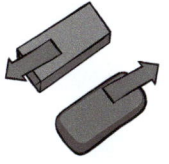

hanneln

comerciar

dat Geld

dinero

de Dollar

dólar

de Euro

euro

de Yen

yen

de Ruvel

rublo

de Swiezer Franken

franco

de Renminbi Yuan

renminbi

de Rupie

rupia

de Geldautomat

cajero automático

de Wesselstuuv

casa de cambio

dat Gold

oro

dat Sülver

plata

dat Ööl

petróleo

de Energie

energía

de Pries

precio

de Verdrag

contrato

de Stüer

impuesto

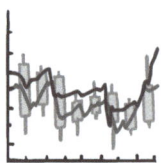

de Andeelschien

acción

arbeiden

trabajar

de Anstellte

empleado

de Arbeitgever

empleador

de Fabrik

fábrica

de Hökerie

negocio

de Profeschonen
ocupaciones

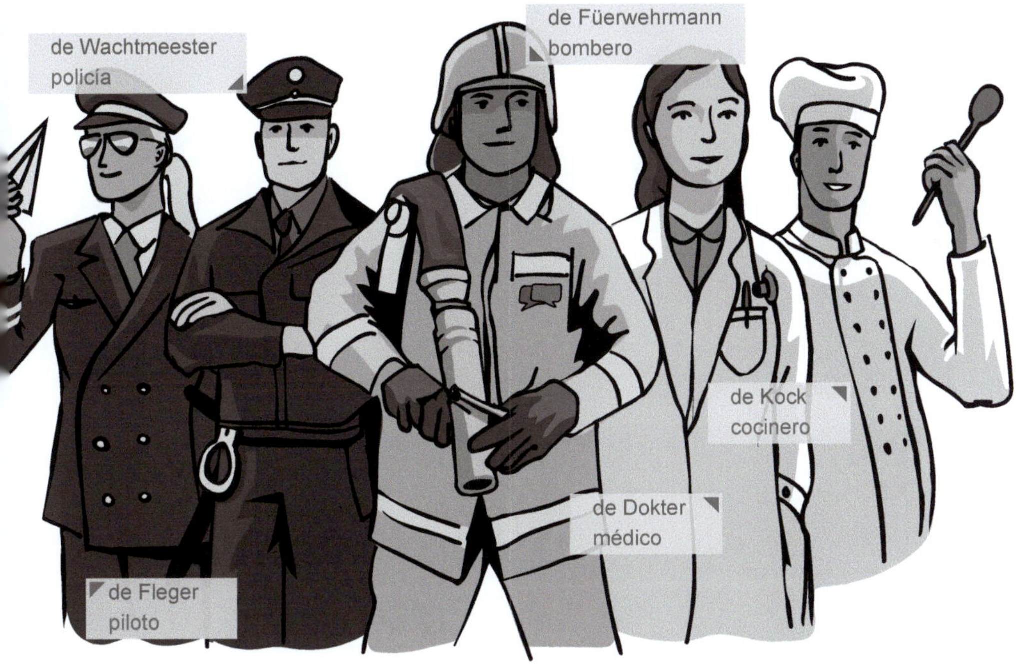
de Füerwehrmann
bombero
de Wachtmeester
policía
de Kock
cocinero
de Dokter
médico
de Fleger
piloto

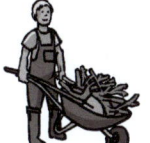

de Goorner

jardinero

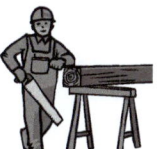

de Discher

carpintero

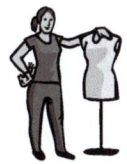

de Neihersche

costurera

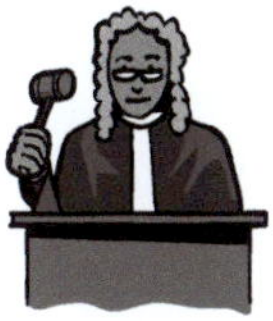

de Richter

juez

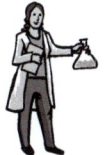

de Chemiker

químico

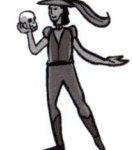

de Schauspeler

actor

de Busfohrer

conductor de autobús

de Taxifohrer

taxista

de Fischer

pescador

de Reinmaakfru

mujer de la limpieza

de Dackdecker

techista

de Kellner

camarero

de Jäger

cazador

de Maler

pintor

de Bäcker

panadero

de Elektriker

electricista

de Buarbeider

albañil

de Ingenieur

ingeniero

de Slachter

carnicero

de Klempner

fontanero

de Postbüdel

cartero

de Profeschonen - ocupaciones

de Suldat

soldado

de Architekt

arquitecto

de Kasserer

cajero

de Florist

florista

de Putzbüdel

peluquero

de Schaffner

cobrador

de Mechaniker

mecánico

de Kaptein

capitán

de Tähndokter

odontólogo

de Wetenschopler

científico

de Rabbi

rabino

de Imam

imam

de Mönk

monje

de Paap

párroco

dat Warktüüch
herramientas

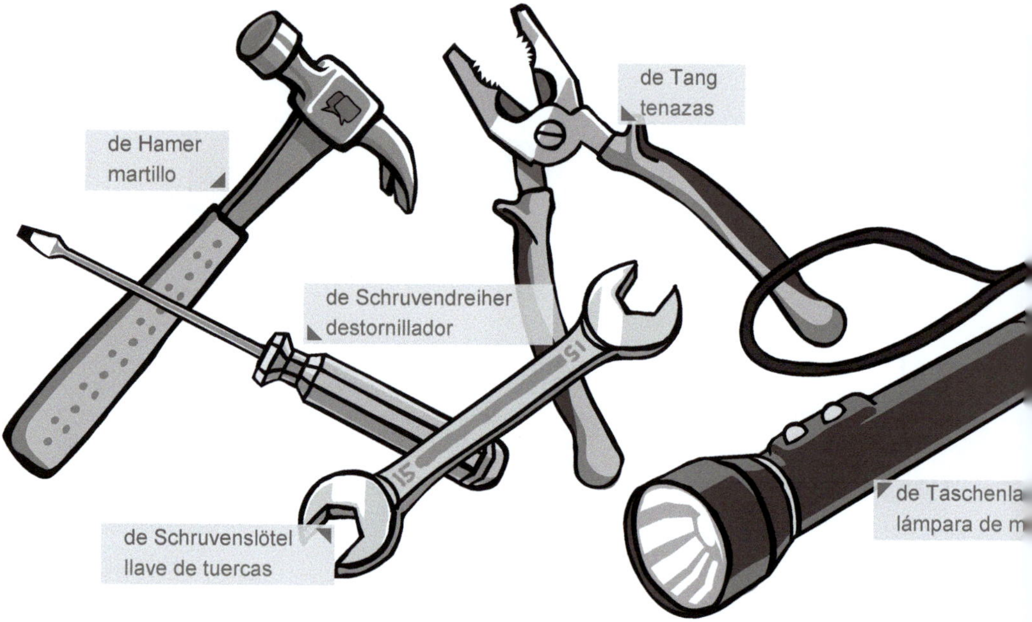
de Hamer
martillo
de Tang
tenazas
de Schruvendreiher
destornillador
de Schruvenslötel
llave de tuercas
de Taschenla
lámpara de m

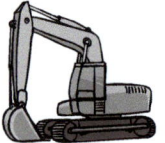

de Grieper

excavadora

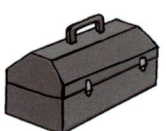

de Warktüüchkassen

caja de herramientas

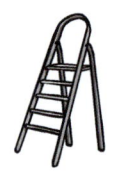

de Ledder

escalerilla

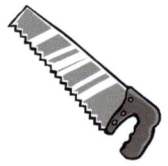

de Saag

serrucho

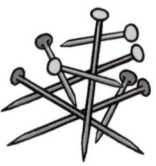

de Nagels

clavos

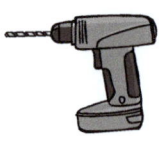

de Bohrer

taladro

heelmaken

reparar

de Schüffel

pala

Schiet!

¡Maldición!

dat Kehrblick

recogedor

de Farvpott

lata de pintura

de Schruven

tornillos

de Musikinstrumenten

instrumentos musicales

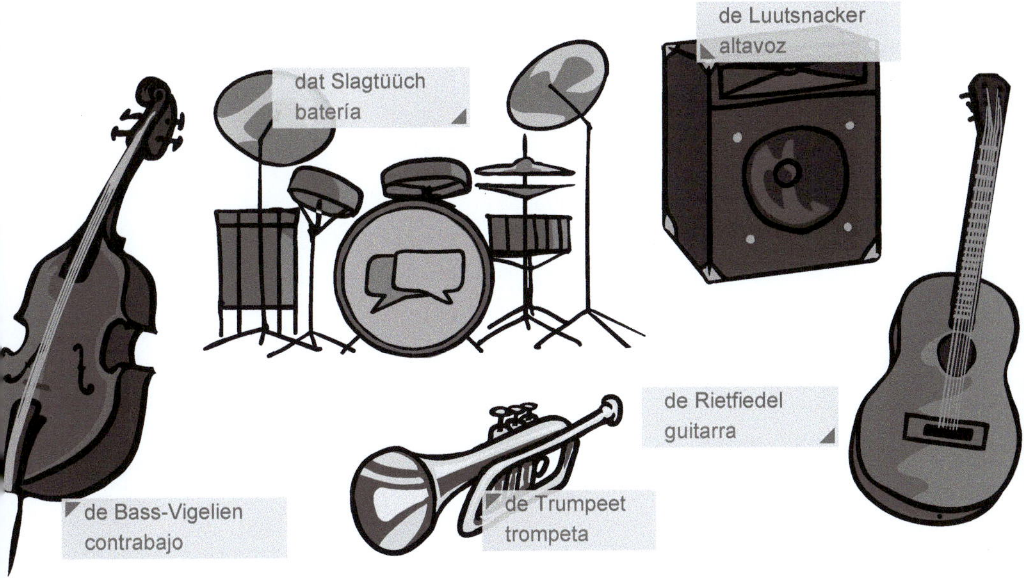

de Luutsnacker
altavoz

dat Slagtüüch
batería

de Rietfiedel
guitarra

de Bass-Vigelien
contrabajo

de Trumpeet
trompeta

dat Klaveer

piano

de Vigelien

violín

de Bass

bajo

de Pauk

timbales

de Trummeln

tambor

dat Keyboard

teclado

dat Saxophon

saxofón

de Fleut

flauta

dat Mikrofoon

micrófono

de Deertenpark
zoológico

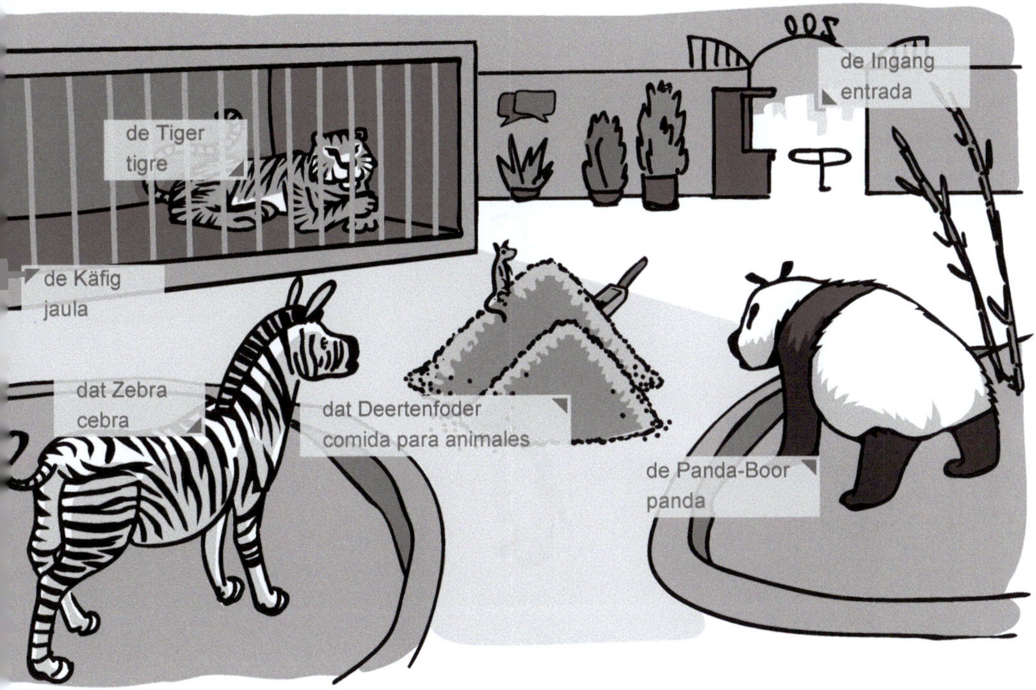
zoo
de Ingang
entrada
de Tiger
tigre
de Käfig
jaula
dat Zebra
cebra
dat Deertenfoder
comida para animales
de Panda-Boor
panda

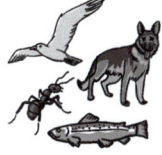

de Deerten

animales

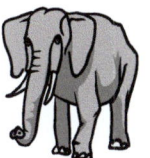

de Elefant

elefante

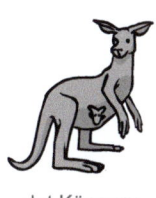

dat Känguru

canguro

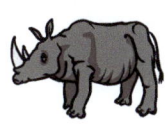

dat Neeshoorn

rinoceronte

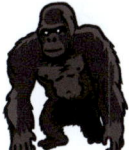

de Gorilla

gorila

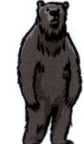

de Boor

oso

dat Kameel

camello

de Struuß

avestruz

de Lööv

león

de Aap

mono

de Flamingo

flamengo

de Papagoi

papagayo

de Iesboor

oso polar

de Pinguin

pingüino

de Haifisch

tiburón

de Pageluun

pavo real

de Slang

serpiente

dat Krokodil

cocodrilo

de Oppasser in'n
Deertenpark
cuidador del zoológico

de Saalhund

foca

de Jaguor

jaguar

dat Pony

pony

de Leopard

leopardo

dat Nilpeerd

hipopótamo

de Giraff

jirafa

de Aadler

águila

dat Wildswien

jabalí

de Fisch

pescado

de Schildkrööt

tortuga

dat Walross

morsa

de Voss

zorro

de Gazell

gacela

de Amerikaansch Football
fútbol americano

dat Radfohren
ciclismo

dat Tennis
tenis

de Korfball
baloncesto

dat Swümmen
natación

dat Boxen
boxeo

dat Ieshockey
hockey sobre hielo

de Football

fútbol

dat Fedderball

badminton

de Leichtathletik

atletismo

de Handball

balonmano

dat Skilopen

esquí

dat Polo

polo

lachen
reír

springen
saltar

ümarmen
abrazar

gahn
caminar

singen
cantar

drömen
soñar

beden
rezar

snuteln
besar

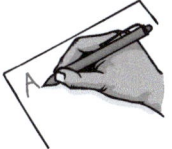

schrieven
escribir

teken
dibujar

wiesen
mostrar

drücken
presionar

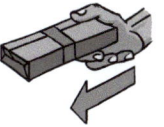

geven
dar

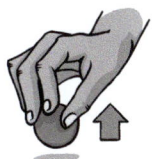

nehmen
tomar

hebben

tener

doon

hacer

sien

ser

stahn

estar de pie

lopen

correr

trecken

tirar

smieten

arrojar

fallen

caer

liggen

estar acostado

töven

esperar

dregen

llevar

sitten

estar sentado

antrecken

vestirse

slapen

dormir

opwaken

despertar

ankieken

mirar

wenen

llorar

eien

acariciar

kämmen

peinarse

snacken

conversar

verstahn

entender

fragen

preguntar

hören

oír

drinken

beber

eten

comer

oprümen

asear

leefhebben

amar

kaken

cocinar

fohren

conducir

flegen

volar

segeln

navegar

reken

calcular

lesen

leer

lehren

aprender

arbeiden

trabajar

de Plünnen tohoopsmieten

casarse

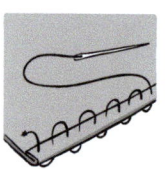

neihen

coser

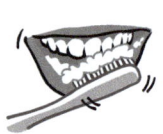

Tähnen putzen

limpiarse los dientes

dootmaken

matar

smöken

fumar

schicken

enviar

de Familje
familia

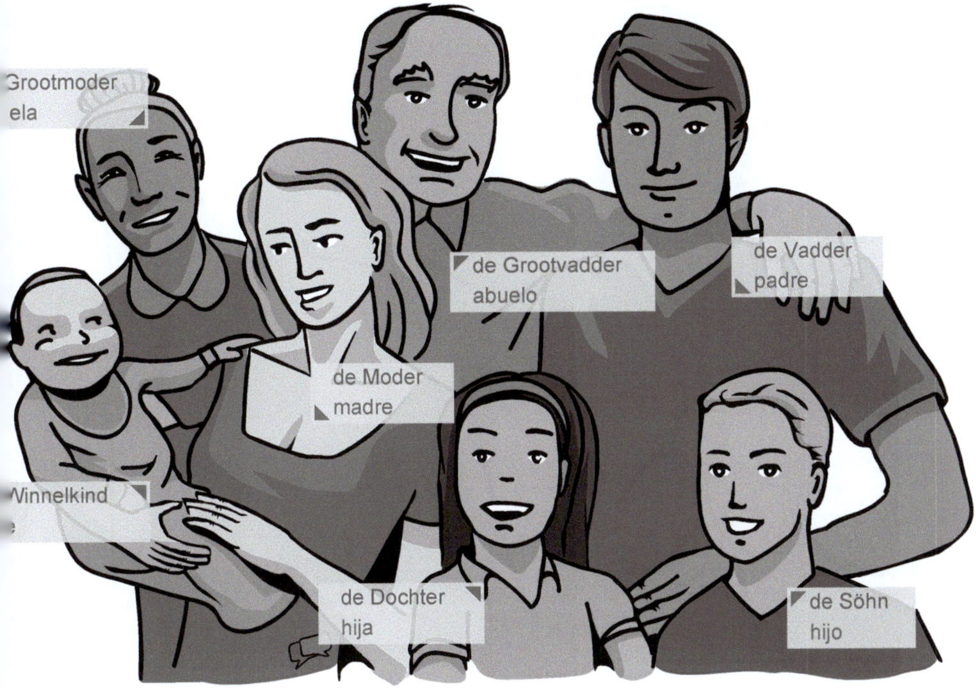

rootmoder
ela
de Grootvadder
abuelo
de Vadder
padre
de Moder
madre
innelkind
de Dochter
hija
de Söhn
hijo

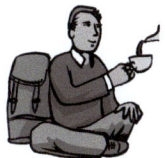

de Gast
invitado

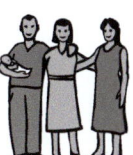

de Tant
tía

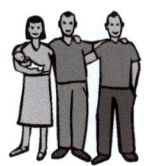

de Unkel
tío

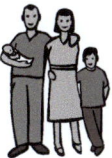

de Broder
hermano

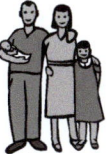

de Süster
hermana

de Lief
cuerpo

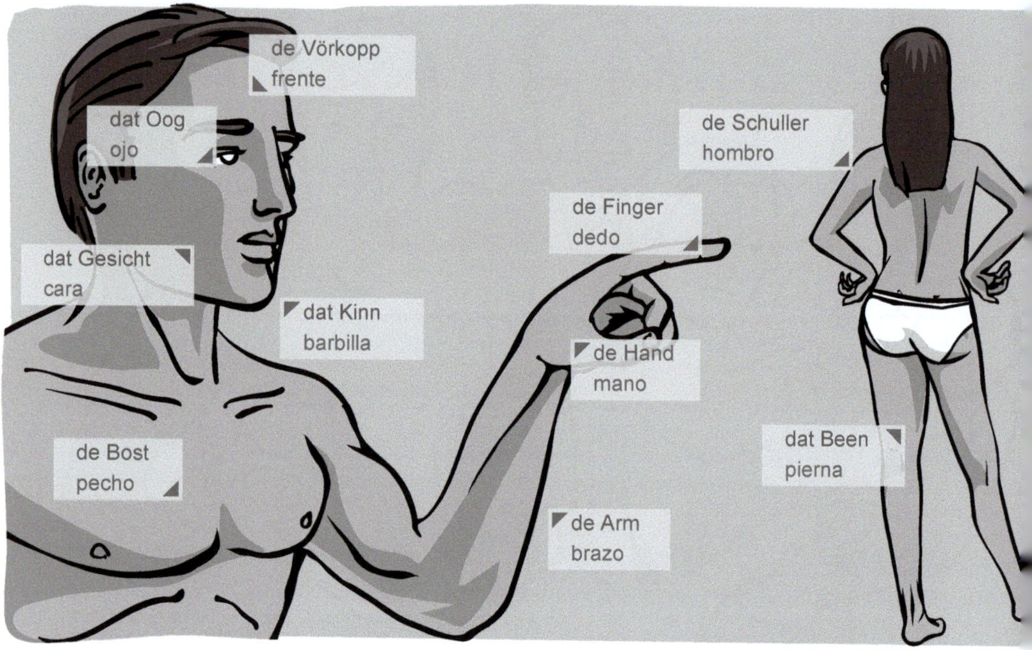

de Vörkopp
frente
dat Oog
ojo
de Schuller
hombro
de Finger
dedo
dat Gesicht
cara
dat Kinn
barbilla
de Hand
mano
dat Been
pierna
de Bost
pecho
de Arm
brazo

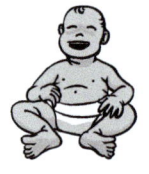

dat Winnelkind

bebé

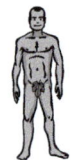

de Mann

hombre

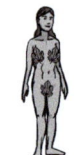

de Fro

mujer

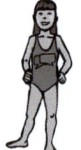

de Deern

muchacha

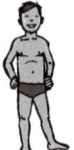

de Jung

joven

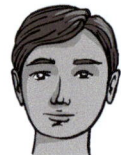

de Arm

cabeza

de Rüch

espalda

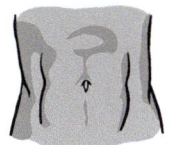

de Buuk

vientre

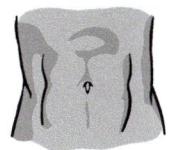

de Navel

ombligo

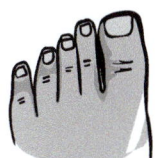

de Teh

dedo del pie

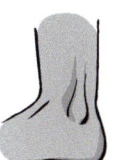

de Hack

talón

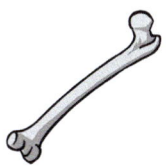

de Knaken

hueso

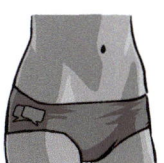

de Hüft

cadera

dat Knee

rodilla

de Ellbagen

codo

de Nees

nariz

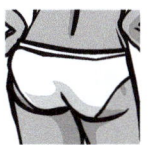

de Achtersen

trasero

de Huut

piel

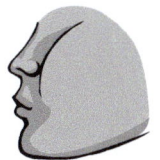

de Back

mejilla

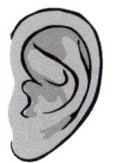

dat Ohr

oreja

de Lipp

labio

de Mund

boca

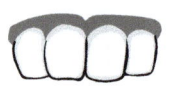

de Tähn

diente

de Tung

lengua

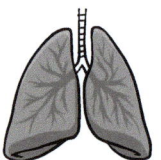

de Bregen

cerebro

dat Hart

corazón

de Muskel

músculo

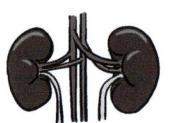

de Lung

pulmón

de Lever

hígado

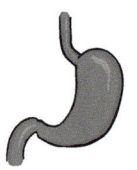

de Maag

estómago

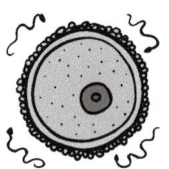

de Neren

riñones

de Bislaap

relación sexual

dat Kondoom

condón

de Eizell

Óvulo

dat Sperma

esperma

de Anner Ümstänn

embarazo

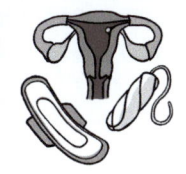

de Menstruatschoon
·······················
menstruación

de Scheed
·················
vagina

de Pint
·············
pene

de Ogenbroe
·················
ceja

dat Hoor
·················
cabello

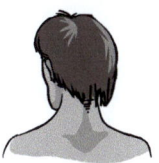

de Hals
·············
cuello

dat Krankenhuus

hospital

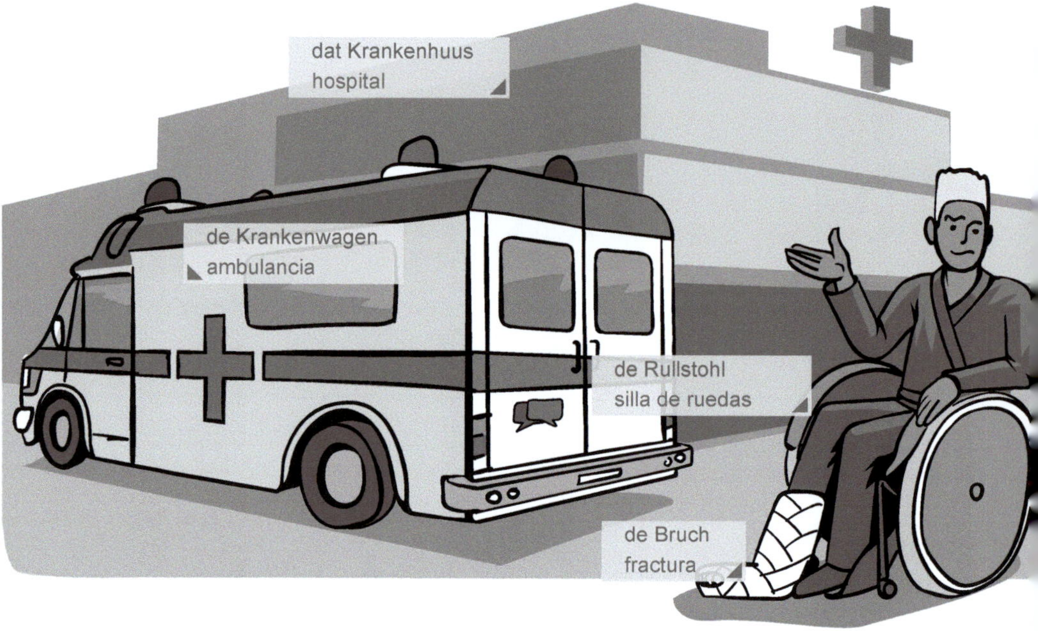

dat Krankenhuus
hospital
de Krankenwagen
ambulancia
de Rullstohl
silla de ruedas
de Bruch
fractura

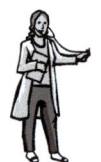

de Dokter

médico

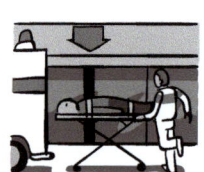

de Nootopnahm

admisión de urgencia

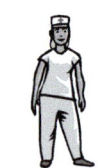

de Krankensüster

enfermera

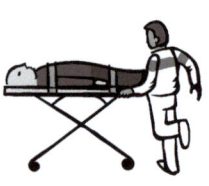

de Nootfall

emergencia

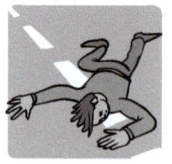

ahnmächtig

inconsciente

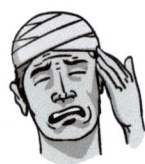

de Wehdaag

dolor

de Verwunnen

lesión

de Blöden

hemorragia

de Hartinfarkt

infarto de miocardio

de Slaganfall

apoplejía cerebral

de Allergie

alergia

de Hoosten

tos

dat Fever

fiebre

de Gripp

gripe

de Dörchfall

diarrea

de Koppwehdaag

dolor de cabeza

de Kreeft

cáncer

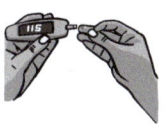

de Zuckersüük

diabetes

de Chirurg

cirujano

dat Chirurgsch Mess

escalpelo

de Operatschoon

operación

dat Krankenhuus - hospital

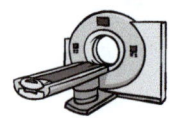

dat CT

TC

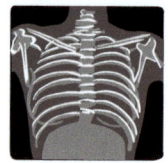

de Dörchlüchten

rayos X

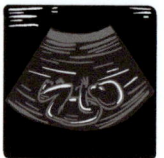

de Ultraschall

ultrasonido

de Mask

máscara

de Krankheit

enfermedad

de Töövruum

sala de espera

de Krück

muleta

dat Plaaster

emplasto

de Verband

vendaje

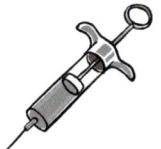

de Insprütten

inyección

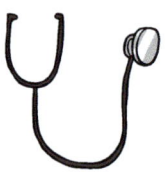

dat Stethoskop

estetoscopio

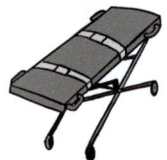

de Draag

camilla

dat Feverthermometer

termómetro

de Geboort

nacimiento

dat Övergewicht

sobrepeso

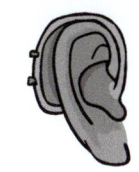

de Höörapparat

audífono

dat Kiemfriemiddel

desinfectante

de Ansteken

infección

de Virus

virus

dat HIV / AIDS

VIH / SIDA

dat Heelmiddel

medicina

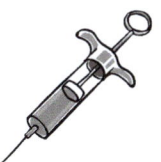

de Impen

vacunación

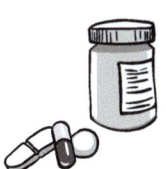

de Tabletten

comprimido

de Pill

píldora anticonceptiva

de Nootroop

mada de emergencia

de Blootdruck-Meter

medidor de presión arterial

krank / gesund

enfermo / saludable

Hölp!

¡Ayuda!

de Alarm

alarma

de Överfall

asalto

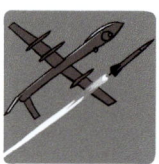

de Angreep

ataque

de Gefohr

peligro

de Nootutgang

salida de emergencia

dat Füer!

¡Fuego!

de Füerlöscher

extintor

de Unfall

accidente

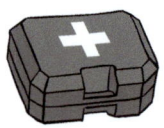

de Noothölpkoffer

kit de primeros auxilios

SOS

SOS

de Polizei

Policía

Europa

Europa

Noordamerika

América del Norte

Süüdamerika

América del Sur

Afrika

África

Asien

Asia

Australien

Australia

de Atlantik

Atlántico

de Pazifik

Pacífico

dat Indisch Weltmeer

Océano Índico

t Antarktisch Weltmeer

Océano Antártico

dat Arktisch Weltmeer

Océano Ártico

de Noordpol

Polo Norte

de Süüdpol

Polo Sur

de Antarktis

Antártida

de Eerd

Tierra

dat Land

país

de See

mar

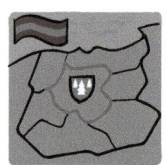

dat Eiland

isla

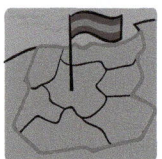

de Natschoon

nación

de Staat

Estado

dat Tallenblatt

cuadrante

de Stunnenwieser

horario

de Minutenwieser

minutero

de Sekunnenwieser

segundero

Wo laat is dat?

¿Qué hora es?

de Dag

día

de Tiet

tiempo

nu

ahora

de digetaalsch Klock

reloj digital

de Minuut

minuto

de Stunn

hora

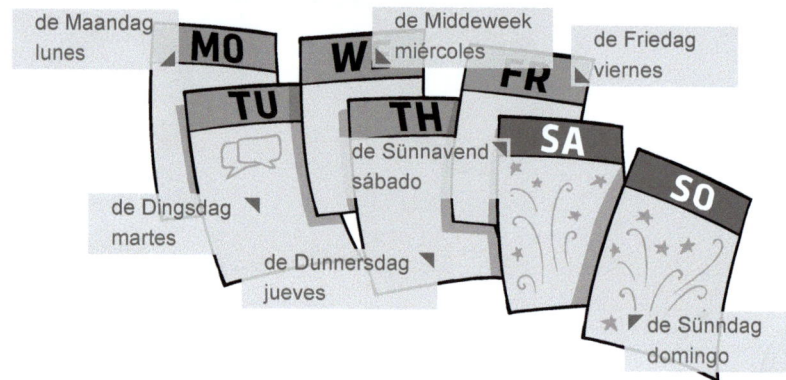

de Maandag
lunes

de Middeweek
miércoles

de Friedag
viernes

de Dingsdag
martes

de Sünnavend
sábado

de Dunnersdag
jueves

de Sünndag
domingo

güstern

ayer

hüüt

hoy

morgen

mañana

de Morgen

mañana

de Meddag

mediodía

de Avend

tarde

MO	TU	WE	TH	FR	SA	SU
1	2	3	4	5	6	7
8	9	10	11	12	13	14
15	16	17	18	19	20	21
22	23	24	25	26	27	28
29	30	31	1	2	3	4

de Arbeitsdaag

jornada de trabajo

MO	TU	WE	TH	FR	SA	SU
1	2	3	4	5	6	7
8	9	10	11	12	13	14
15	16	17	18	19	20	21
22	23	24	25	26	27	28
29	30	31	1	2	3	4

dat Wekenenn

fin de semana

dat Johr

año

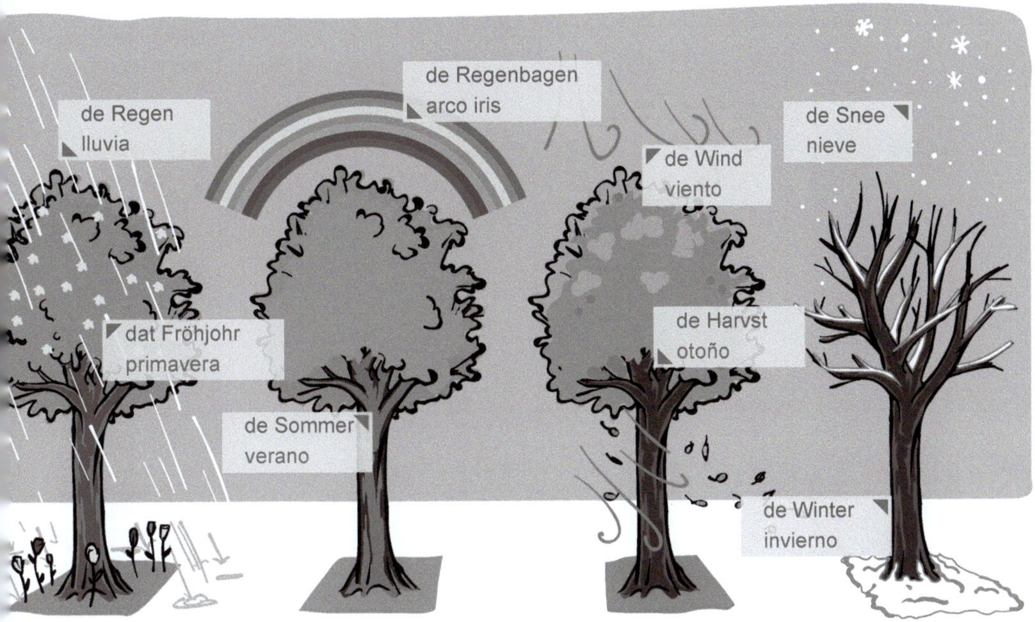

de Regen
lluvia
de Regenbagen
arco iris
de Snee
nieve
de Wind
viento
dat Fröhjohr
primavera
de Harvst
otoño
de Sommer
verano
de Winter
invierno

4.APRIL 11°
5.APRIL 4°
6.APRIL 13°
7.APRIL 8°
8.APRIL 10°

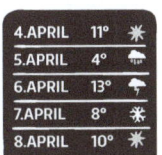

de Wedervörhersaag

nóstico meteorológico

F C
120 40
90 30
60 20
30 10
0 0
-30 -10
-20

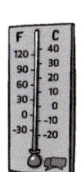

dat Thermometer

termómetro

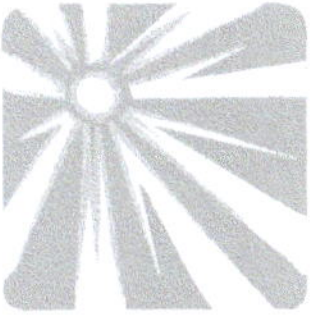

de Sünnenschien

luz solar

de Wulk

nube

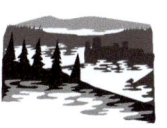

de Nevel

niebla

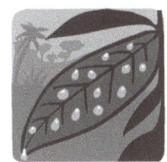

de Luftfuchtigkeit

humedad ambiente

de Blitz

relámpago

de Dunner

trueno

de Storm

tormenta

de Hagel

granizo

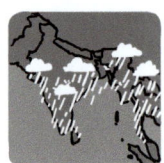

de Monsun

monzón

de Floot

inundación

dat Ies

hielo

de Januormaand

enero

de Februormaand

febrero

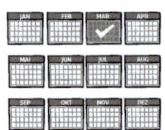

de Martmaand

marzo

de Aprilmaand

abril

de Maimaand

mayo

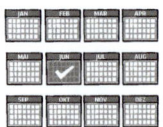

de Junimaand

junio

de Julimaand

julio

de Augustmaand

agosto

de Septembermaand
....
septiembre

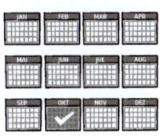

de Oktobermaand
....
octubre

de Novembermaand
....
noviembre

de Dezembermaand
....
diciembre

de Formen

formas

de Krink
....
círculo

dat Quadrat
....
cuadrado

dat Rechteck
....
rectángulo

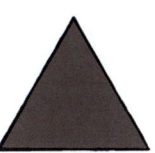

dat Dreeeck
....
triángulo

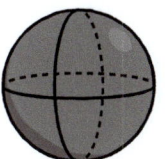

de Kugel
....
esfera

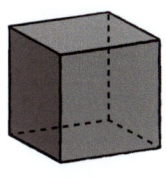

de Wörpel
....
cubo

witt

blanco

geel

amarillo

orangsch

anaranjado

pink

rosa

root

rojo

lila

lila

blau

azul

gröön

verde

bruun

marrón

gries

gris

swart

negro

veel / wenig

mucho / poco

böös / verdreeglich

enojado / calmado

smuck / mies

bonito / feo

de Begünn / dat Enn

comienzo / fin

groot / lütt

grande / pequeño

hell / düüster

claro / oscuro

de Broder / de Süster

hermano / hermana

schier / schietig

limpio / sucio

kumpleet / nich kumpleet

completo / incompleto

de Dag / de Nacht

día / noche

doot / lebennig

muerto / vivo

breet / small

ancho / angosto

geneetbor / nich geneetbor

disfrutable / no disfrutable

böös / fründlich

malo / amigable

fickerig / langwielt

excitado / aburrido

dick / dünn

gordo / delgado

toeerst / toletzt

primero / último

de Fründ / de Fiend

amigo / enemigo

vull / leddig

lleno / vacío

hart / week

duro / suave

swoor / licht

pesado / liviano

de Smacht / de Döst

hambre / sed

krank / gesund

enfermo / saludable

nich na't Recht / na't Recht

ilegal / legal

klook / dummerhaftig

inteligente / tonto

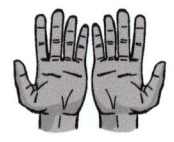

linkerhand / rechterhand

izquierda / derecha

neeg / feern

cercano / lejano

nieg / bruukt
nuevo / usado

nix / wat
nada / algo

oolt / jung
viejo / joven

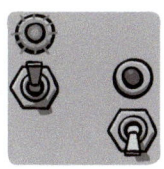

an / ut
encendido / apagado

apen / slaten
abierto / cerrado

lies / luut
bajo / fuerte

riek / arm
rico / pobre

richtig / verkehrt
correcto / incorrecto

ruug / glatt
áspero / liso

trurig / glücklich
triste / alegre

kort / lang
breve / extenso

suutje / flink
lento / veloz

natt / dröög
mojado / seco

warm / köhl
caliente / frío

de Krieg / de Freden
guerra / paz

0

null

cero

1

een

uno

2

twee

dos

3

dree

tres

4

veer

cuatro

5

fief

cinco

6

söss

seis

7

söven

siete

8

acht

ocho

9

negen

nueve

10

teihn

diez

11

ölven

once

12

twölf
doce

13

dörteihn
trece

14

veerteihn
catorce

15

föffteihn
quince

16

sössteihn
dieciséis

17

söventeihn
diecisiete

18

achtteihn
dieciocho

19

negenteihn
diecinueve

20

twintig
veinte

100

hunnert
cien

1.000

dusend
mil

1.000.000

million
millón

de Spraken
idiomas

dat Engelsch

inglés

dat Amerikaansch Engelsch

inglés estadounidense

dat Chineesch Mandarin

chino mandarín

dat Hindi

hindi

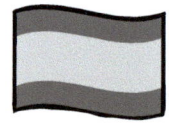

dat Spaansch

español

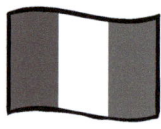

dat Franzöösch

francés

dat Araabsch

árabe

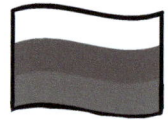

dat Rusch

ruso

dat Portugiesch

portugués

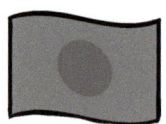

dat Bengaalsch

bengalí

dat Düütsch

alemán

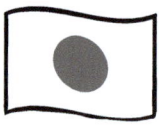

dat Japaansch

japonés

ik

yo

du

tú

he / se / dat

él / ella

wi

nosotros

ji

vosotros

se

ellos

keen?

¿quién?

wat?

¿qué?

woans?

¿cómo?

woneem?

¿dónde?

wannehr?

¿cuándo?

HELLO, I AM

de Naam

nombre

donde

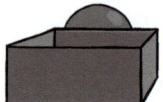

achter

detrás

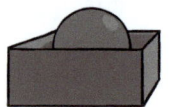

in

en

vör

delante de

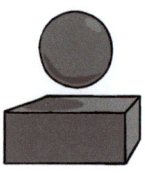

över

encima de

op

sobre

ünner

debajo de

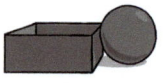

blangen

junto a

twüschen

entre

de Oort

lugar